ARENA BIBLIOTHEK DES WISSENS

LEBENDIGE BIOGRAPHIEN

Arena-Taschenbuch

Band 50709

W0099924

Arena

Weitere Sachbücher von Luca Novelli im Arena-Taschenbuch:
Leonardo da Vinci, der Zeichner der Zukunft (Band 50721)
Darwin und die wahre Geschichte der Dinosaurier (Band 50715)

Informationen zu Unterrichtsmaterialien unter www.arena-klassenlektuere.de

Dieser Titel ist auch als Hörbuch erhältlich

1. Auflage als Limitierte Sonderausgabe im Arena-Taschenbuch 2015
Die Originalausgabe erschien 2001 unter dem Titel »Einstein e le macchine del tempo«
© 2001 bei Editoriale Scienza S.r.l., Firenze – Trieste, Italy, www.editorialescienza.it www.giunti.it
Text und Illustration © 2000 by Luca Novelli/Quipos
Für die deutsche Ausgabe:
© 2005 Arena Verlag GmbH, Würzburg
Alle Rechte vorbehalten
Aus dem Italienischen von Anne Braun
Coverillustration: Joachim Knappe
Umschlagtypografie: KCS GmbH · Verlagsservice & Medienproduktion, Stelle/Hamburg
Sondergestaltung: komm Design / achkomm.com / Würzburg
Gesamtherstellung: Westermann Druck Zwickau GmbH
ISSN 0518-4002
ISBN 978-3-401-50709-5

Einstein
und die
Zeitmaschinen
LUCA NOVELLI

Aus dem Italienischen
von Anne Braun

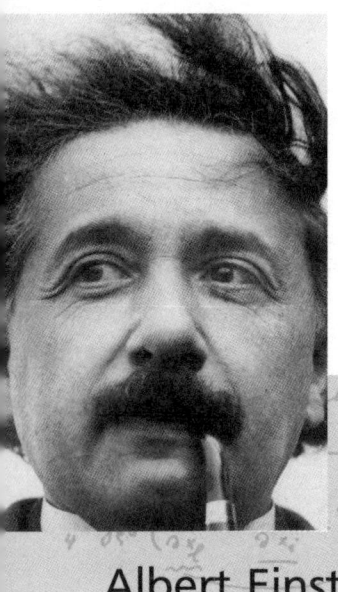

Albert Einstein

Albert Einstein war einer der bedeutendsten Wissenschaftler des 20. Jahrhunderts. Seine Forschungen veränderten die moderne Physik von Grund auf. Doch wer war dieses weltberühmte Genie eigentlich?

Uns sind hunderte von Albert Einsteins Briefen, Schriftstücken und Reden erhalten. Wenn er schrieb, drückte er sich sehr klar, knapp und spannend aus. Diese Dokumente erzählen uns viel über den Menschen Albert Einstein. Er war ein geradliniger, sympathischer Mann, der sich viele Gedanken über die Welt und das Wohl anderer machte.

Dieses Buch gibt Albert Einsteins Leben wieder, seine Gedanken und was ihn bewegte. Es erklärt, wie seine Theorien unsere Auffassung von Zeit, Raum und Universum revolutioniert haben.

Die folgenden Seiten sind so geschrieben, als erzähle der große Einstein selbst. Sie schildern die Phasen seines Lebens vom Kind bis zum weisen, alten Mann, der über die Relativität nachgrübelt und dabei seiner Tigerkatze den Rücken krault.

DIESES BUCH HANDELT VON ...

mir, Albert Einstein. Und auch von meiner geliebten Geige.

Es erzählt meine Lebensgeschichte von meinen Kindertagen bis ins hohe Alter.

Natürlich erzählt es auch von meiner Theorie über die Relativität der Zeit.

Ich beschreibe meine Entdeckungen in Sachen Materie und Energie.

$$E = MC^2$$

NO BOMBS!

Es geht auch um meine Erfolge und meine Ansichten.

Außerdem spreche ich von Zeitmaschinen: echten, falschen, möglichen und unmöglichen. Alle einsteigen, bitte! Die Reise beginnt!

FZZZZ!

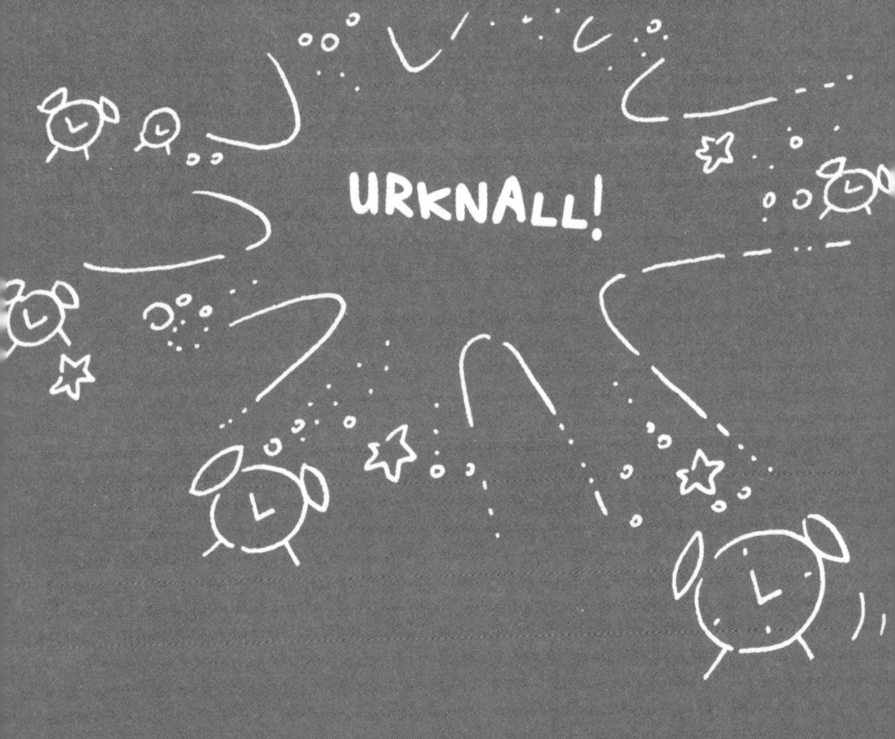
URKNALL!

*Unser Universum entstand durch eine
gewaltige Explosion, Urknall genannt. Mit
dieser Explosion begann alles, was existiert
und jemals existieren wird: auch die
Materie, aus der dieses Buch besteht, sowie
die Zeit, die du brauchst, um es zu lesen
oder durchzublättern.*

*Zeitmaschinen sind Geräte, mit denen man in die
Zukunft oder in die Vergangenheit reisen kann. Wir kennen sie aus Romanen, Abenteuerfilmen, Comics oder
Donald-Duck-Geschichten. Die erste Zeitmaschine hat
sich der englische Schriftsteller Herbert George Wells
ausgedacht, ein Lehrer und Journalist. Sein Roman
(oben) war um 1900 ein Riesenerfolg. Seither haben
sich die Menschen hunderte weiterer Zeitmaschinen
ausgedacht und sie beschrieben. Einige davon könnten
theoretisch sogar funktionieren. Auch dieses Buch hier
ist in gewisser Weise eine Zeitmaschine. Es versetzt
dich zurück in Albert Einsteins Tage.*

1. ICH, ALBERT EINSTEIN

Bestimmt habt ihr schon mal von mir gehört.

In eurer Zeit ist der Name Albert Einstein in aller Munde. Ich höre oft, dass man mich den »größten Wissen-schaft-ler der Geschichte« nennt. Ehrlich, das ist mir fast etwas peinlich. Ich glaube nicht, dass ich eine besondere Begabung habe, sondern einfach nur unglaublich neugierig bin. Reichtum und Erfolg waren mir nie sehr wichtig. Beflügelt haben mich die Liebe, Schönheit und die Suche nach der Wahrheit, die mir stets Zuversicht und Freude gaben. Übermenschliche Kräfte habe ich leider nicht, und wenn es regnet, kann ich nichts dagegen tun. Das habe ich auch schon meiner Katze gesagt.

BEDAURE, ABER ICH KANN NICHTS DAGEGEN TUN, OBWOHL ICH ALBERT EINSTEIN BIN.

Geboren wurde ich am 14. März 1879 in Ulm an der Donau. Meine Mutter heißt Pauline, mein Vater Hermann. Zwei Jahre nach mir wird meine Schwester Maja geboren.

Mama ist eine große, kräftige Frau, die sich meist in ein Korsett mit Walfischgräten schnürt, und Papa hat einen beeindruckenden Schnauzbart.

Im Jahr meiner Geburt wird die elektrische Glühlampe erfunden. In den Vereinigten Staaten schafft Thomas Alva Edison es, sie über 40 Stunden brennen zu lassen – ein Rekord und ein bahnbrechendes Ereignis, denn bisher wurden die Häuser nur mit Gas- oder stinkenden Petroleumlampen beleuchtet.

Während ich aufwachse, setzt die Glühlampe zu ihrem Siegeszug um die Welt an, und das spielt schon in meinen ersten Lebensjahren eine große Rolle.

Mein Vater und mein Onkel Jakob besitzen eine kleine Fabrik und stellen Dynamos, elektrische Geräte und elektrische Bogenlampen her. Onkel Jakob erfindet sogar ein neues Dynamo-Modell.

Bei uns zu Hause wird viel über Physik, alle möglichen Geräte und Elektrizität geredet. Solche Themen sind sehr beliebt, so ähnlich wie bei euch im 21. Jahrhundert Computer und Informatik.

Papa will, dass ich später Elektroingenieur werde. Und tatsächlich interessiere ich mich schon sehr früh für Physik, Geometrie und Mathematik. Doch als ich mich mit sechzehn Jahren am Polytechnikum in Zürich bewerbe, einer Fachhochschule für Ingenieure, werde ich – Albert Einstein – abgelehnt.

ONKEL JAKOB

DYNAMO

Mechanische Uhren, die Vorgänger unserer heutigen Armbanduhren, sind eine relativ neue Erfindung in der langen Geschichte der Menschheit. Die ersten hießen »Klosterwecker«, weil sie ursprünglich in den mittelalterlichen Klöstern verwendet wurden. Es waren mit einem Glöckchen versehene Geräte, von denen sich der Mönch wecken ließ, der dann die große Glocke läuten musste. Manche dieser »Wecker« machten noch kürzeren Prozess: Sie setzten einen Mechanismus in Gang, der dem Unglückseligen einen Kübel eiskalten Wassers auf den Kopf schüttete.

Mechanische Uhren wurden im Laufe der Jahrhunderte weiterentwickelt und folglich immer genauer. Doch um die Zeit im Weltall zu messen, brauchte man noch wesentlich genauere Uhren. Seit 1946 gibt es Atomuhren.

2. KINDHEIT EINES GENIES

In meinen ersten Lebensjahren ist von meiner Begabung noch nichts zu merken.

Ob ihr es glaubt oder nicht: Ich, einer der Väter der modernen Physik, werde sogar für etwas zurückgeblieben gehalten. Und zwar deshalb, weil ich erst mit vier Jahren anfange zu sprechen und noch mit neun Jahren Mühe habe, lange Sätze zu bilden.

Allerdings kann ich schon mit fünf Jahren recht gut Geige spielen, und zwar Stücke von Mozart, Bach und Schubert.

Ich denke in Bildern, wie eure Psychologen sagen würden.
Außerdem finde ich mich hervorragend im Gewirr der
Gassen von München zurecht, wo meine Familie inzwischen
wohnt. Ich kann auch ganz tolle Sachen mit meinen farbigen
Holzklötzchen bauen, den Vorgängern eurer Legosteine.
Diese Bauklötze und die Geige sind mein Hobby. Fernseher
gibt es noch nicht, auch keine Radios, Comichefte oder
Videospiele.

Bei uns zu Hause gibt es nur ein paar von Hand illustrierte Bücher. Onkel Jakob erzählt mir Geschichten und hilft mir bei den Hausaufgaben. »Algebra«, sagt er, »ist eine fröhliche Wissenschaft, bei der man Jagd auf ein geheimnisvolles Tier namens X macht.«

Doch Onkel Jakob ist nicht der Einzige, der mich auf die Wissenschaften neugierig macht. Zu uns kommt regelmäßig ein gewisser Max Talmey, ein armer jüdischer Medizinstudent. Meine Familie ist zwar nicht direkt reich, doch wie es unter den wohlhabenderen Juden von München üblich ist, laden wir jeden Freitag einen armen Studenten zum Essen ein, nämlich Max. Er bringt mir oft ein Buch zum Lesen oder Anschauen mit. Es sind auch wissenschaftliche Bücher dabei. Und bei der Lektüre dieser Bücher beginne ich mich zum ersten Mal zu fragen, wie unser Universum wohl genau aussieht.

Es gibt unterschiedliche Meinungen darüber, wann unser Universum genau entstanden ist. Heutzutage gehen wir davon aus, dass es 15 bis 20 Milliarden Jahre alt ist.

Bis ins 19. Jahrhundert glaubte man dem englischen Erzbischof Ussher, der im 17. Jahrhundert lebte. Auf Grund der Zeitangaben im Alten Testament rechnete er aus, dass Gott die Erde am 23. Oktober 4004 vor Christi erschaffen hat, um neun Uhr morgens.

Um das Alter unseres Universums zu berechnen, griffen die modernen Wissenschaftler zu verschiedenen Methoden. Sie studierten zum Beispiel die Ausdehnung des Weltalls und versuchten daraus den Zeitpunkt seiner Entstehung abzuleiten. Oder sie untersuchten die Meteoriten und die darin enthaltenen Grundstoffe sowie die Sternbilder, die sich kurz nach Entstehung des Weltalls gebildet haben. All diese Methoden führten zu ähnlichen Ergebnissen.

Auch das Weltraumteleskop Hubble, *das 1990 in die Erdumlaufbahn geschickt wurde, soll das Alter des Universums berechnen.*

ES WERDE LICHT!

SCHNIPP!C

3. EIN KLEINER FREIDENKER

In meiner Kindheit lese ich mit großer Begeisterung die Bibel. Ich finde, sie ist ein wunderbares Werk, das die Geschichte meines Volkes und seine Beziehung zu Gott schildert. Sie erzählt in großartigen Bildern: vom verlorenen Paradies, von Meeren, die sich teilen, von Engeln, die auf die Erde herabsteigen, Menschen, die sich in Salzsäulen verwandeln, und Städten, die von einem Feuerregen zerstört werden. Ich besuche eine katholische Schule und bin der einzige Jude in meiner Klasse. Unterricht über den jüdischen Glauben erteilt mir ein Verwandter zu Hause.

Das Alte Testament fasziniert mich so sehr, dass ich schließlich religiöser bin als meine Eltern, die keineswegs strenggläubig sind.

Doch seit ich die Bücher lese, die mein großer Freund Max mir mitbringt, betrachte ich die Geschichten in der Bibel auf einmal etwas kritischer. Und ich stelle fest, dass man sie nicht für bare Münze nehmen kann! Auf diese Weise werde ich zu einem Freidenker und komme zu dem Schluss, dass man die Jugend absichtlich und mit Lügengeschichten dumm hält.

ALBERT, ICH SEHE SCHWARZ FÜR DEINE ZUKUNFT!

Als ich zwölf bin, liege ich im Streit mit allem – den Vorschriften, den Autoritäten und vor allem mit der Schule und einigen Lehrern. Ich hasse es, eine Uniform anziehen und Paraden machen zu müssen, was von uns Schülern jedes Wochenende erwartet wird. Und ich hasse es, Dinge auswendig lernen zu müssen. Das Ergebnis ist, dass mein Griechischlehrer zu mir sagt, ich würde es im Leben nicht weit bringen.

Auch meine Familie ist nicht sehr begeistert von mir. Als Papa beschließt nach Italien zu ziehen, um dort eine neue Fabrik zu eröffnen, lässt er mich in München in einem Internat. Ich bin fünf-zehn Jahre alt. Mal ehrlich – was hättet ihr da an meiner Stelle gemacht?

EINS ZWEI EINS ...

Die Galaxien und die Sterne am Himmel sind in Wirklichkeit vielleicht längst nicht mehr da, wo wir sie sehen. Was wir sehen, sind Sterne und galaktische Nebel, wie sie vor Millionen oder Milliarden von Jahren waren. Denn so lange hat ihr Licht gebraucht, um bis zu uns zu gelangen.

Wenn wir in den Nachthimmel blicken, blicken wir in eine sehr ferne Vergangenheit, vielleicht in die Zeit, in der es auf der Erde noch Dinosaurier gab, Urkrebse und andere längst ausgestorbene Kreaturen.

PSST!
ICH BETRACHTE
DIE STERNE!

4. DIE FLUCHT

In München, ganz allein und ohne Familie, soll ich eigentlich das Gymnasium abschließen und danach meinen Militärdienst antreten. Ich sehe mich im Geiste schon marschieren, zuerst vor dem Luitpold-Gymnasium zusammen mit meinen

Klassenkameraden, dann für Bismarck und das große Deutschland. Das deprimiert mich so sehr, dass ich mir wegen eines Nervenzusammenbruchs ein ärztliches Attest besorge. Das lege ich dem Direktor vor, der mich nur anschaut und dann von der Schule verweist – das heißt, »er stellt es mir frei, die Schule zu verlassen«.

»DEPRESSIONEN«

Ich packe meine Sachen, nehme meine Geige und gehe über die Alpen nach Italien – zu Mama, Papa, Schwester Maja und Onkel Jakob.

In München hält mich nichts. Immer häufiger marschieren Soldaten durch die Stadt. Unser Haus wurde an einen Bauunternehmer verkauft, der all die schönen, alten Bäume im Garten gefällt und ein großes Mietshaus errichtet hat.

Meine Klassenkameraden sind mir immer fremder geworden; sogar mein Griechischlehrer meint, es sei besser, wenn ich gehe. Seiner Meinung nach bin ich ein respektloser Störenfried. Außerdem bin ich sehr neugierig auf Italien, denn meine Vettern, die in Genua leben, haben mir erzählt, dass Italien das reinste Paradies auf Erden ist.

Ich freue mich darauf, das Meer zu sehen, die Sonne und natürlich auch meine Familie.

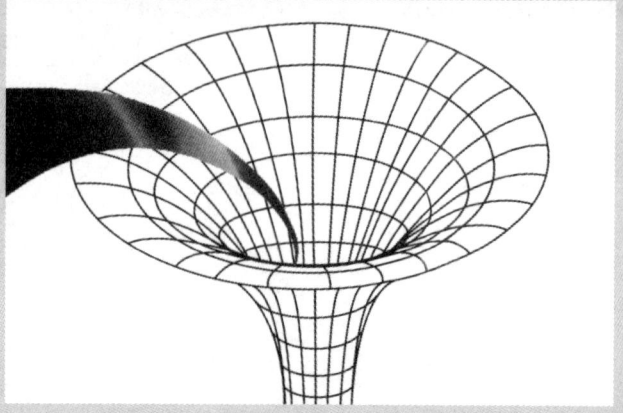

Auch Mark Twain (Autor von Tom Sawyer*) hat 1889 in
einem seiner Romane eine Zeitreise beschrieben.
Hierfür dachte er sich keine ausgefallene Maschine
aus, sondern ließ einen seiner Zeitgenossen unverse-
hens am Hof von König Artus landen, was natürlich zu
etlichen Verwicklungen führte.*

*Die Idee von Portalen, Löchern oder Tunneln, die in
die Vergangenheit oder in die Zukunft führen, ist gar
nicht so weit hergeholt. Die moderne Physik schließt
eine solche Möglichkeit theoretisch nicht aus und
bezeichnet Verbindungen zwischen zwei
Raumzeitbereichen als »Wurmlöcher«. Schon 1935
haben Albert Einstein und Nathan Rosen darüber
geschrieben, weshalb man sie anfangs als »Einstein-
Rosen-Brücken« bezeichnete.*

5. URLAUB IN ITALIEN

So komme ich nach Pavia, eine kleine Stadt am Ufer des Flusses Tessin, wo es eine herrliche Piazza und schöne mittelalterliche Häuser gibt.

Der Tessin ist kein großer Fluss, aber doch groß genug, um mit kleinen Booten befahren zu werden. Auf dem Kanal, der Pavia mit Mailand verbindet, können sogar Schleppkähne fahren. Wasser mochte ich schon immer. Schon als Kind habe ich in der Badewanne gern mit Papierbooten gespielt. Als Erwachsener wird Segeln mein einziges Hobby sein: Ich werde mir ein kleines Boot kaufen und häufig segeln gehen. Das Schöne am Segeln ist, dass es körperlich nicht so anstrengend ist.

In Pavia wohnt meine Familie in einem Haus, in dem früher der bekannte Dichter Ugo Foscolo lebte.

Es ist Sommer, das Klima ist angenehm, doch die Leute, die zu uns zu Besuch kommen, mag ich nicht. Besonders die Damen: Sie sind so steif, als hätten sie einen Besenstiel verschluckt, und wollen ständig, dass ich ihnen auf der Geige Stücke vorspiele, die ihnen gefallen, aber nicht mir. Na ja, dann spiele ich eben und halte den Mund. Das ist für einen Musiker sowieso das Beste!

Papa ist ziemlich sauer, weil ich ohne seine Erlaubnis aus München weggegangen bin. Er besteht darauf, dass ich eine technische Hochschule besuche, und in Italien gibt es keine geeigneten Schulen für mich, sagt er. Ich merke, dass ich hier in Pavia alles andere als willkommen bin.

Außerdem hat Papa schon genügend andere Sorgen am Hals, weil er mit Onkel Jakob und anderen Gesellschaftern zusammen ein Elektrizitätswerk aufbaut, das erste in Pavia.

Kurz und gut, Papa will mich aus dem Weg haben. Deshalb schickt er mich nach Zürich, wo ich mich am Polytechnikum bewerben soll. Er besorgt mir sogar ein Empfehlungsschreiben. Allerdings befürchte ich, dass ich mit meinen sechzehn Jahren noch viel zu jung bin. Und das Abitur habe ich auch nicht!

Welches Jahr haben wir? Und welchen Tag? Wie viel Uhr ist es? Das weiß jeder: Er braucht nur einen Blick auf die Uhr und auf den Kalender zu werfen. Es ist wesentlich schwieriger, zu sagen, was Zeit überhaupt ist. Man könnte Zeit als einen Begriff bezeichnen, mit dem man den Abstand zwischen Ereignissen misst, die am selben Ort stattfinden.

Auch wir selbst sind der Zeit unterworfen. Zuerst sind wir Kinder, dann Erwachsene und schließlich alt. Doch man kann auch sagen, dass die Zeit »mit uns reist« und sich durch den Raum bewegt. Wenn wir eine Zugreise machen und uns also durch den Raum bewegen, bewegen wir uns auch durch die Zeit. Nach dieser Reise sind wir ein wenig älter geworden. Zeit und Raum sind also zwei Begriffe, die eng zusammenhängen.

6. DURCHGEFALLEN!

Ich heiße zwar Albert Einstein, doch ich bin alles andere als aus Stein. Ich bin sehr geknickt, als ich erfahre, dass ich bei der Aufnahmeprüfung am Polytechnikum durchgefallen bin!
Der Direktor bezeichnet mich zwar als »Wunderkind« in Sachen Mathematik, aber das ist mir kein Trost. Denn in allen anderen Fächern habe ich große Lücken.

Auf Papas Wunsch hin melde ich mich in der Kantonalschule von Aarau in der Schweiz an, um mich in den nächsten zwei Jahren auf das Polytechnikum vorzubereiten.

Ich habe zwar etwas Heimweh nach meiner Mutter und meiner Schwester Maja, doch insgesamt geht es mir recht gut. Ich wohne bei der netten Familie Winteler.
Herr Winteler ist Griechischlehrer, doch in seiner Freizeit ist er ein begeisterter Vogelkundler. Er weiß eine Menge über Vögel und unterhält sich sogar mit ihnen.

Frau Winteler ist eine begnadete Köchin und immer sehr nett zu mir.

Marie, die hübscheste ihrer drei Töchter, ist nur wenig älter als ich. Wir sitzen oft zusammen am Klavier und spielen vierhändige Stücke, was uns beiden Spaß macht.

Wenn ich mit ihr zusammen bin, vergeht die Zeit immer wie im Flug. Gestern fiel ein Sonnenstrahl auf ihre Haare – ein wunderschöner Anblick.

Eine rätselhafte Sache, das Licht! Mindestens ebenso rätselhaft wie die Zeit!

EINE MÄDCHEN – RÄTSELHAFTE SACHE!

Die Schweiz ist das Land der Uhren und die Schweizer sind sehr stolz auf ihre Genauigkeit, ihre Präzision. Uhren sind, im Grunde genommen, Zeitmaschinen. Sie können die Zeit zwar nicht anhalten und auch nicht vorwärts oder rückwärts laufen lassen, doch sie messen sie sehr genau. Und doch würden zwei gleiche Uhren, egal, wie genau sie auch gehen, an zwei verschiedenen Punkten des Universums nach einer Weile unterschiedliche Zeiten anzeigen.

Alle Uhren haben gemeinsam, dass sie mit Schwingungen arbeiten, die der Zeit einen Rhythmus geben. Bei Pendeluhren schwingt ein Pendel, bei anderen eine Unruh. Die Präzision einer Uhr hängt von der Regelmäßigkeit dieser Schwingungen ab. Bei den modernen Atomuhren schwingen Atome. Solche Atomuhren sind so genau, dass sie in drei Millionen Jahren nur um eine einzige Sekunde abweichen! Erst mit diesen Uhren wurde es möglich, Albert Einsteins Theorien experimentell nachzuweisen.

DU HAST DICH VERSPÄTET!

7. ICH LEGE DEN GRUNDSTEIN

Aarau ist eine ruhige Schweizer Stadt. Man kann durch die nahe Bergwelt wandern und der Blick auf die Alpen ist atemberaubend. Ich fühle mich richtig wohl hier. Ich mag meine Gastfamilie, die Wintelers, und bei Tisch geht es immer sehr fröhlich zu. Außerdem merke ich, dass mich die Tochter Marie sehr gern mag, was mir natürlich schmeichelt.

Meine neue Schule gefällt mir auch sehr gut: Hier gibt es ein hervorragendes, neues Physiklabor. Und irgendwann kommt mir der Gedanke, wie es wohl wäre, wenn man auf einem Sonnenstrahl durch das Weltall reisen würde.

Nun wohne ich mutterseelenallein in Zürich. Seit Oktober 1896 besuche ich das Polytechnikum. Diesmal habe ich die Aufnahmeprüfung bestanden. Außerdem habe ich die deutsche Staatsbürgerschaft abgelegt und bin im Moment staatenlos, das heißt ohne Heimat. Mein Vater ist entsetzt. Für ihn ist sein staatenloser Sohn fast eine persönliche Beleidigung.

Wie schon damals in Aarau gehe ich in den Ferien öfter nach Mailand, wo meine Familie inzwischen wohnt, in einem alten Palazzo, der einer Gräfin gehört. Er liegt nicht weit weg vom Dom und der Piazza della Scala. Es macht mir großen Spaß, durch die Stadt oder die Galleria zu bummeln, wo man deutsche Zeitungen kaufen kann.

Einmal besuche ich meine Verwandten in Genua. Es ist eine herrliche Tour: Zu Fuß überquere ich den Apennin und gehe dann weiter bis zum Mittelmeer. Die lange Wanderung hat sich wirklich gelohnt: hübsche bunte Häuschen inmitten üppiger Pflanzen am Rande einer Wasserfläche, die grenzenlos scheint. Und dazu Licht, ein herrliches Licht … in einer Intensität, wie ich sie noch niemals gesehen habe!

Nur dank des Lichts können wir überhaupt etwas sehen. Seine mysteriöse Natur hat die Menschen schon immer fasziniert. Auch Albert Einstein fragt sich als Sechzehnjähriger: »Was würde ich sehen, wenn ich auf einem Lichtstrahl reisen könnte?«

Zu Albert Einsteins Zeiten glauben manche Wissenschaftler, dass das Licht aus winzigen Teilchen (Korpuskeln) besteht, während andere der Meinung sind, dass es sich wie elektromagnetische Wellen verhält. Diese Frage kann auch Albert Einstein nicht endgültig beantworten, doch zumindest beweist er, dass das Licht sowohl die Eigenschaften von Teilchen als auch von Wellen aufweist. Wenn sich am Himmel zum Beispiel ein Regenbogen bildet, verhält sich das Licht wie eine Welle, die sich gleichmäßig im Raum ausbreitet, während es sich wie einzelne Energieteilchen verhält, wenn man eine Glühlampe anschaltet. Eines ändert sich jedoch nie: Die Lichtgeschwindigkeit ist an jedem Punkt des Universums gleich, nämlich 300.000 Kilometer pro Sekunde.

9. VERLIEBT!

Inzwischen bin ich ein junger Mann, studiere am Züricher Polytechnikum und lasse mir den ersten Schnurrbart wachsen.

Ich habe eine junge Frau namens Mileva kennen gelernt, die ebenfalls hier studiert. Sie ist dreieinhalb Jahre älter als ich und stammt aus Serbien. Auch sie ist weit weg von ihrer Familie und wohnt in einem Wohnheim für Studentinnen. Sie ist ehrgeizig und lernbegierig. Wir lernen zusammen Mathematik, Geometrie und Mechanik und futtern dabei kiloweise Würstchen und trinken literweise Kaffee.

ALBERT   MILEVA

Wann immer ich in den Ferien bei meinen Eltern in Mailand bin, schreibe ich Mileva innige Briefe, aber natürlich geht es darin auch um Moleküle und Gase. Mileva hilft mir beim Schreiben meines ersten wissenschaftlichen Aufsatzes. Ich würde sie gern heiraten, aber leider bin ich arm wie eine Kirchenmaus. Wir können uns nicht einmal zwei Fahrräder kaufen, um damit über Land zu fahren.

Außerdem sind auch meine Eltern gegen eine Ehe, doch das ist mir egal: Ich werde Mileva heiraten!

Wir machen unseren ersten gemeinsamen Urlaub in Como. Wir fahren Boot, besichtigen die Villa Carlotta und spazieren durch den Park.

Hurra – ich habe die Abschlussprüfung bestanden und bin nun Lehrer für Physik und Mathematik. Ich muss dringend Arbeit finden, um Mileva heiraten zu können.

Voller Elan bewerbe ich mich an den Universitäten von halb Europa, von Stuttgart bis Pisa, auch bei einem Internat und bei einer Versicherungsgesellschaft. Nichts als Absagen!

Ich selbst sehe mich als jungen, viel versprechenden Physiker, der schon eine interessante Theorie über die Elektronen ausgearbeitet hat.

Doch leider bin ich arbeitslos und fast bettelarm. Ich versuche mich mit Nachhilfestunden über Wasser zu halten, aber wahrscheinlich würde ich mehr verdienen, wenn ich auf der Straße Geige spielte!

Na ja, diese Möglichkeit steht mir immer noch offen!

DR. EINSTEIN

*In Sciencefiction-Büchern und -Filmen kommen immer
wieder Reisen im Weltraum vor, die mit einer Überraschung enden. Die Astronauten in diesen Geschichten
reisen mit Geschwindigkeiten, die der Lichtgeschwindigkeit sehr nahe kommen (300.000 km pro Sekunde) oder
sogar noch größer sind. Doch im Weltraum verläuft die
Zeit bei hohen Reisegeschwindigkeiten langsamer. Wenn
der Weltraumreisende auf unseren Planeten zurückkehrt,
sind für ihn nur Wochen oder Monate vergangen,
während auf der Erde Jahrhunderte ins Land gingen.
Seine Lieben von einst sind längst zu Asche und Staub
zerfallen. Der Astronaut hat einen Zeitsprung gemacht
und sein Raumschiff war eine Zeitmaschine. Das alles
ist allerdings nicht nur Sciencefiction, sondern tatsächlich eine Auswirkung der Relativität.*

9. ICH BIN ERFINDER

Ich bin in Bern gelandet. Seit Juni 1902 arbeite ich im Patentamt als technischer Experte dritter Klasse in einem befristeten Arbeitsverhältnis und zur Probe. Es ist keine anstrengende Arbeit.

Die sonderbarsten Menschen kommen in mein Büro und legen mir die sonderbarsten Erfindungen vor. Jedes Projekt muss auf Neuheit und Anwendungsmöglichkeiten überprüft werden.

Ich reiche selbst ein paar Patente unter meinem Namen ein: Einmal geht es um ein Hörgerät, ein andermal um einen Kühlschrank, der recht leise arbeitet.

Bern ist eine schöne Stadt und ich fühle mich wohl. Ich habe die Schweizer Staatsbürgerschaft angenommen und sollte nun Wehrdienst leisten. Doch dann stellt sich heraus, dass ich untauglich bin – ich habe Plattfüße!

Zusammen mit ein paar Freunden gründe ich die Akademie Olympia, deren Ehrenpräsident ich bin. Unser erklärtes Ziel ist es, über Physik zu reden und gut zu essen.

Mileva und ich haben inzwischen geheiratet. Wir haben eine kleine Wohnung mitten in der Altstadt.

Mileva unterstützt mich bei meinen Forschungen, hat aber auch als Mutter alle Hände voll zu tun: Hans, unser erster Sohn, wurde geboren. Nun muss Mileva auch noch Windeln waschen und Breichen kochen.

Sie schimpft, weil es bei uns immer nach meinen Zigarren stinkt, wie sie sagt. Doch trotz ihres Schimpfens, zwischen den aufgehängten Windeln, den Fläschchen und dem Geschrei des kleinen Hans fülle ich eifrig Seite um Seite mit meinen Erkenntnissen. In meinem Kopf nehmen absolut revolutionäre Ideen immer klarere Gestalt an. Sie werden die Grundlagen für meine Relativitätstheorie darstellen.

Zeit und Raum sind relativ. Stell dir vor, du sitzt in einem Zug, der sich mit 50 m pro Sekunde vorwärts bewegt. Lass im Gang des Zugs eine Murmel in Fahrtrichtung rollen. Für dich im Zug bewegt sich die Murmel um zwei Meter pro Sekunde fort. Für einen Freund, der dir von außen zuschaut, wird sich die Murmel um 52 Meter pro Sekunde vorwärts bewegen – das ist die Geschwindigkeit des Zugs plus die Geschwindigkeit der Murmel.

Gemäß der Relativitätstheorie verlangsamt sich für dich im Zug die Zeit, je schneller der Zug fährt, im Vergleich zu deinem langsameren oder stehenden Freund. Albert Einstein nennt als weiteres Beispiel einen Mann, der seinen Hund ausführt: Der Mann geht langsam, während der Hund schwanzwedelnd nach vorne und hinten rennt. Nach dem Spaziergang wird der Hund wesentlich mehr Kilometer zurückgelegt haben und auch um eine geringere Zeitspanne gealtert sein als sein Herrchen, da die Zeit für ihn langsamer vergangen ist. Und außerdem ist der wedelnde Schwanz des Hundes jünger als seine Schnauze. Natürlich geht es bei Geschwindigkeiten, die im Vergleich zur Lichtgeschwindigkeit so gering sind, nur um unmessbar kleine Sekundenbruchteile.

HEY, MEIN SCHWANZ GEHT UM ZWEI MINUTEN NACH!

10. DIE (SPEZIELLE) RELATIVITÄTSTHEORIE

Wir schreiben das Jahr 1905: Ich bin 26 Jahre alt und arbeite im Patentamt, denke aber ständig über Physik nach. Und ich fülle weiterhin Heft um Heft mit Formeln.

Ich veröffentliche meine Theorien in der Fachzeitschrift »Annalen der Physik«, herausgegeben von Max Planck.

Im ersten Artikel, den ich drei Tage nach meinem Geburtstag einsende, beweise ich, dass das Licht, obwohl es die Eigenschaften von elektromagnetischen Wellen aufweist, zugleich auch aus mikroskopisch kleinen Teilchen besteht.

Im zweiten Artikel erkläre ich ein mysteriöses molekulares Phänomen, das von Robert Brown beobachtet wurde (brownsche Molekularbewegung).

Im dritten Artikel, den ich im Juni abschicke, beweise ich, dass Raum und Zeit immer vom Beobachter abhängen.

FÜR EINEN RUHENDEN BEOBACHTER SCHEINT SICH DAS SCHNELL BEWEGTE LINEAL ZU VERKÜRZEN.

DIE ZEIT DER SCHNELL BEWEGTEN UHR VERGEHT LANGSAMER ...

TICK TACK

Der Raum zieht sich zusammen, wenn er sich der Lichtgeschwindigkeit annähert.

BEZOGEN AUF DEN BEOBACHTER ...

Eine Uhr in Bewegung misst die Zeit langsamer als die Uhr am Arm eines stehenden Beobachters. Dieses Phänomen wird Max Planck als »Relativitätstheorie« bezeichnen.

»Die Minute ist in Gefahr!« schreibt eine Wiener Zeitung als Kommentar auf meinen Artikel.

Im September reiche ich einen weiteren Artikel ein, der die herkömmliche Auffassung von Materie und Energie endgültig über den Haufen werfen wird.

Dies führt zu der später weltberühmten Formel: $E = mc^2$.

E = mc²: Energie = Masse mal Lichtgeschwindigkeit im Quadrat. Die Lichtgeschwindigkeit c ist ein sehr großer Wert, nämlich 300.000 Kilometer pro Sekunde. Deshalb setzt schon eine geringe Masse (m), mit der enormen Lichtgeschwindigkeit (c) im Quadrat multipliziert, eine riesige Menge an Energie (E) frei. Auf diesem Konzept basiert auch die Atombombe, die Albert Einstein allerdings nie angestrebt hat.

So kann schon aus einer geringen Menge Materie eine gewaltige Menge Energie gewonnen werden. In Atomkraftwerken wird eine Masse radioaktiven Brennstoffs (Uran oder Plutonium) in Wärmeenergie umgewandelt.

II. KEINER VERSTEHT MICH!

Alles umsonst! Noch Jahre nach meiner Veröffentlichung der Relativitätstheorie (die später »speziell« genannt wird) ändert sich in meinem Leben so gut wie nichts.

Es sieht fast so aus, als würde meine Theorie keinen interessieren, nicht einmal die Physiker. Mehr noch – als ich sie zusammen mit meiner Bewerbung an der Berner Universität einreiche, bezeichnet sie der Leiter der Fakultät für theoretische Physik als »unverständlich«.

Das Schlimmste daran ist, dass sie mich nicht einstellen. So bleibt mir nichts anderes übrig, als auch weiterhin im Patentamt zu arbeiten. Alle Welt sieht mich noch immer als »Freizeitforscher«, obwohl ich 1906 an der Universität von Zürich meinen Doktor gemacht habe.

Endlich eine Neuigkeit: Das Patentamt befördert mich zum Techniker zweiter Klasse. Das hat einen riesigen Vorteil: Ich verdiene endlich ein paar Franken mehr.

Erst 1908, drei Jahre nach der Veröffentlichung meiner Theorie, werde ich endlich in die offizielle Gemeinschaft der Wissenschaftler aufgenommen. Ich werde Privatdozent, was bedeutet, dass ich an der Universität von Bern ein paar Kurse geben darf.

Als ich während meiner Tätigkeit im Patentamt wieder einmal aus dem Fenster blicke, sehe ich etwas zur Erde fallen. Da habe ich einen Geistesblitz! Ich denke mir: Ein Mensch im freien Fall spürt sein Gewicht nicht und folglich scheint er nichts zu wiegen. Seine Masse ist aber immer noch gleich, weswegen die Schwerkraft ihn zur Erde zieht.
Auch ein Astronaut in seinem Raumschiff im Weltraum scheint nichts zu

SCHWERKRAFT = BESCHLEUNIGUNGSKRAFT

GEWICHT = NULL

wiegen, er ist wegen der fehlenden Erdanziehungskraft schwerelos. Man braucht aber immer noch Kraft, um ihn zu beschleunigen oder anzuhalten, das heißt, er ist immer noch »träge«.
Was ich daraus schließe? Nun, dass Gravitation und Beschleunigung eines Körpers gleich groß sind. Das heißt, die Schwerkraft, die einen Menschen zur Erde zieht, wenn er z. B. von einem Turm stürzt, ist physikalisch gleichwertig mit der Kraft, die man braucht, um ihn im Weltraum zu beschleunigen, wo er schwerelos ist. Ich habe das Gefühl, dass ich meine Relativitätstheorie vielleicht ... na ja, noch erweitern sollte.

Die Zeit im Weltraum wird auch von der Gravitationskraft oder Schwerkraft beeinflusst, sagt Albert Einstein. Zwei Körper üben immer eine Gravitation aufeinander aus. Je stärker man von einem anderen

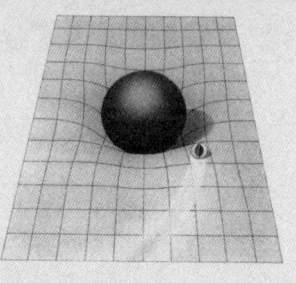

Körper angezogen wird, desto langsamer vergeht die Zeit. Und je größer die Masse des Körpers ist, der die Anziehungskraft ausübt, desto langsamer vergeht die Zeit. Folglich vergeht die Zeit auf dem Jupiter langsamer als auf der Erde, denn seine Masse ist größer. Und auf der Oberfläche der Sonne oder eines noch größeren Sterns vergeht sie noch langsamer. Ganz zu schweigen von den Schwarzen Löchern, wo die Zeit komplett stehen bleibt. Um zu verstehen, wie Anziehungskraft und Masse im Weltraum aufeinander einwirken, stellen wir uns den Weltraum als eine sehr dünne Gummifolie vor, auf die wir einen schweren Gegenstand legen. Der Gegenstand sinkt in die Folie und drückt diese ein (er krümmt sie), und zwar umso stärker, je schwerer er ist. Eine kleine, leichte Kugel wird nun auf der Folienoberfläche in Richtung des schweren Gegenstandes rollen, wird also angezogen. Zu den Dimensionen des Weltraums zählt jedoch neben dem Raum auch die Zeit. Und folglich krümmt Masse die Raumzeit.

12. ENDLICH PROFESSOR

Beim Physikerkongress in Salzburg treffe ich 1909 die
ersten richtigen Physiker. Hurra, endlich gehöre ich zu den
echten Fachleuten! Im Mai desselben Jahres verleiht mir die
Universität von Zürich den Titel »Außerordentlicher
Professor für theoretische Physik«.

Diese neue Stelle ist mir zwar sicher, doch meine Arbeit im
Patentamt kündige ich erst auf Juni. Man sollte nie vorzeitig
seine Brücken abbrechen, ehe man nicht auf der anderen
Seite angelangt ist.

Eduard, unser zweiter Sohn, kommt zur Welt. Als Vater von
zwei Kindern sollte ich wirklich langsam Karriere machen: Das
Geld reicht irgendwie nie.

Deshalb nehme ich eine Stelle an der deutschen Universität in
Prag an. Das liegt zwar ziemlich weit weg, ist aber eine einmali-
ge Gelegenheit. Und so ziehe ich mit meiner Familie nach Prag.

Prag ist eine alte Stadt, die zum österreichisch-ungarischen
Kaiserreich gehört. Hier leben mehrere Volksgruppen –
Deutsche, Tschechen und Juden. Diese Gruppen mögen sich
nicht besonders, was nicht sehr angenehm ist. Außerdem finde
ich die Stadt düster und recht schmutzig. In unserer Wohnung
gibt es Flöhe!

Aber dafür kann man ausgezeichnet essen.
Die Uniform der deutschen Universität
steht mir gut. Ich ziehe sie nur an,
wenn nötig, finde aber, dass
ich darin wie ein Admiral
aussehe.

An der Universität haben
wir ein fantastisch eingerichtetes Labor, in dem ich experimen-
tieren und meine Theorien überprüfen kann. Wieder beschäftigt
mich ein für mich typischer Gedanke: Wenn
das Licht – wie schon gesagt – Masse
besitzt, müsste es von größeren
Massen angezogen werden. Ich
befrage die Astronomen unter
meinen Bekannten. Sie
geben mir Recht: Das
Licht der Sterne wird
von der Sonne
abgelenkt.

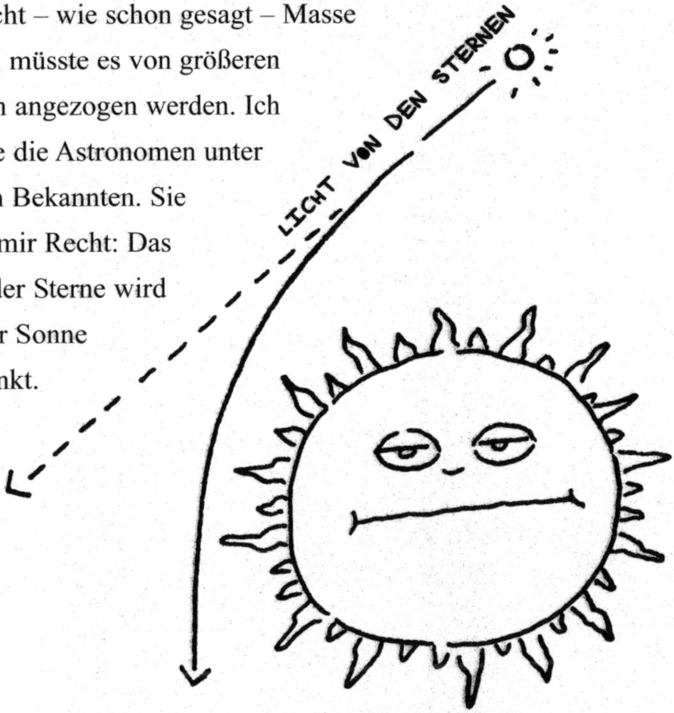

LICHT VON DEN STERNEN

SONNE

Die Schwarzen Löcher waren früher einmal Sterne wie unsere Sonne. Irgendwann sind sie explodiert und haben sich in einem sehr massereichen Kern konzentriert. Ein Teelöffel voller Atome eines Schwarzen Lochs würde der Masse eines Flugzeugträgers entsprechen.

Diese Schwarzen Löcher üben eine solche Anziehungskraft aus, dass sie sogar alles Licht verschlucken – daher ihr Name. Sie strahlen kein Licht aus und reflektieren es auch nicht, sondern ziehen es nur an. Mehr noch: Sie ziehen alles, alles an, sogar die Zeit, die in ihrer Nähe sehr viel langsamer vergeht und auf ihrer Oberfläche sogar stillsteht.

Egal, wie präzise eine Swatch-Uhr zum Beispiel auch wäre, wenn man sie in ein Schwarzes Loch werfen würde, bliebe sie für immer stehen.

Die Zeit bliebe auch für jeden Astronauten stehen, der leichtsinnigerweise in die Nähe eines Schwarzen Lochs käme.

Sowohl die Uhr als auch der Weltraumreisende würden infolge der enormen Anziehungskraft in eine sehr lange Spagettinudel verwandelt werden.

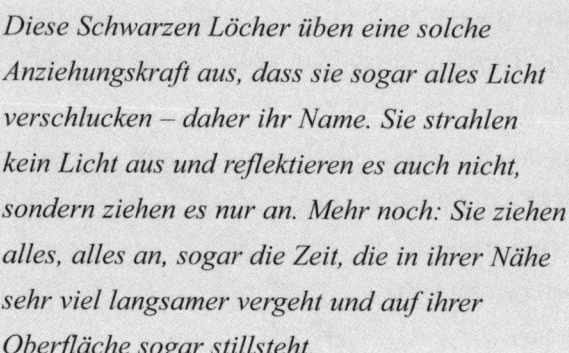

13. MAN REISST SICH UM MICH

Inzwischen hat sich für mich einiges geändert. Die Universitäten von Utrecht, Wien und Leiden wollen mich haben. Sogar das Polytechnikum in Zürich, an dem man mich bis vor kurzem noch belächelt hat, will mich einstellen. Ich entscheide mich für Zürich und ziehe mit meiner Familie wieder in die Schweiz um.

Hier lehre ich Geometrie, doch nicht die des alten Griechen Euklid, sondern die eines gewissen Doktor Riemann, der von einer Welt spricht, in der zwei Parallelen nicht immer parallel sein können und sogar die rechten Winkel eines Quadrats gekrümmt sind.

Diese Art von Geometrie lässt sich mit Winkeldreieck und Zirkel nur schwer darstellen, kann mithilfe der Mathematik jedoch erforscht werden. Das haben schon viele Mathematiker vor mir getan, allerdings ohne genaues Ziel.

Ich hingegen bin davon überzeugt, dass das Universum eine Einheit aus Raum und Zeit darstellt und dass es mit dieser Geometrie, bei der sich alles früher oder später krümmt, beschreibbar sein müsste.

Max Planck bietet mir einen Lehrstuhl für Physik an der Universität von Berlin an.

Da kann ich nicht widerstehen, weil sich dort das bedeutendste Forschungszentrum der Welt befindet.

Unglücklicherweise bricht der Erste Weltkrieg aus. Es kommt zu unglaublichen Gräueltaten im Namen einer Vaterlandsliebe, die ich nicht teilen kann.

Ich kann kaum glauben, was ich alles höre. Einer meiner Kollegen von der Universität Berlin testet den Einsatz von Giftgas an der Ostfront.

Giftgas hätte natürlich auch der Feind einsetzen können, aber das ist keine Rechtfertigung, es bleibt trotzdem falsch. Für mich ist das Töten im Krieg nichts als gewöhnlicher Mord. Aber der Krieg ist kein Gesellschaftsspiel, bei dem sich die Beteiligten brav an Regeln halten. Gegen die Kriegsgräuel hilft nur die totale Ablehnung. Ich hasse Krieg und Gewalt und all das Leid, das daraus entsteht.

Das Universum könnte man mit einer riesengroßen Wurst vergleichen, die sich ständig ausdehnt. Das Universum selbst und jedes darin befindliche Objekt besitzt drei Dimensionen: Höhe, Breite und Tiefe.

Allerdings besitzt unser Universum zusätzlich zu den drei räumlichen Dimensionen noch eine zeitliche. Es dehnt sich ständig räumlich und zeitlich aus. Deshalb sprechen die Physiker von einem »Raum-Zeit-Kontinuum«.
Gemäß der Relativitätstheorie krümmt die Gravitationskraft nicht nur dieses »Kontinuum«, sondern auch das Universum selbst.

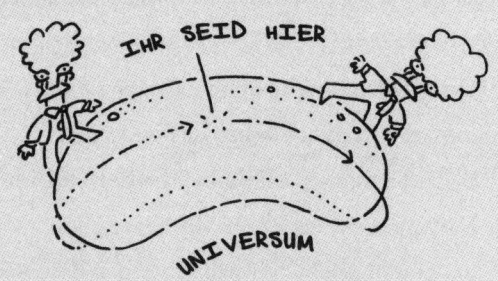

Das Universum ist dermaßen gekrümmt, dass man bei einer Reise einmal quer durch das ganze Universum wieder am Ort und Zeitpunkt der Abreise ankäme. Allerdings müsstest du hierfür möglicherweise eine Reisezeit von etlichen Milliarden Jahren einkalkulieren. Außerdem müsstest du schneller als das Licht unterwegs sein, was aber nicht möglich ist.

14. GEHEIMNISVOLLER MERKUR

Der Konflikt in Europa
breitet sich aus. Der
Krieg wird immer hefti-
ger und gewalttätiger.

Ich arbeite immer noch
an meiner allgemeinen Relativitätstheorie. Die Schwerkraft oder
Gravitation – so behaupte ich – ist nicht nur eine einfache Kraft,
die ein Körper auf einen anderen ausübt, sondern eine grundle-
gende Eigenschaft unseres Universums, des »Raum-Zeit-
Kontinuums«.

Alle Gegenstände mit einer sehr großen Masse verursachen um
sich herum Abweichungen des Raums und der Zeit.

Das kann ich mithilfe von Merkur beweisen.

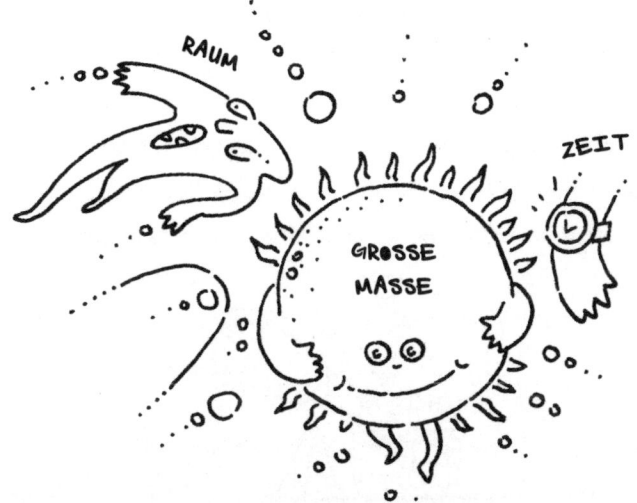

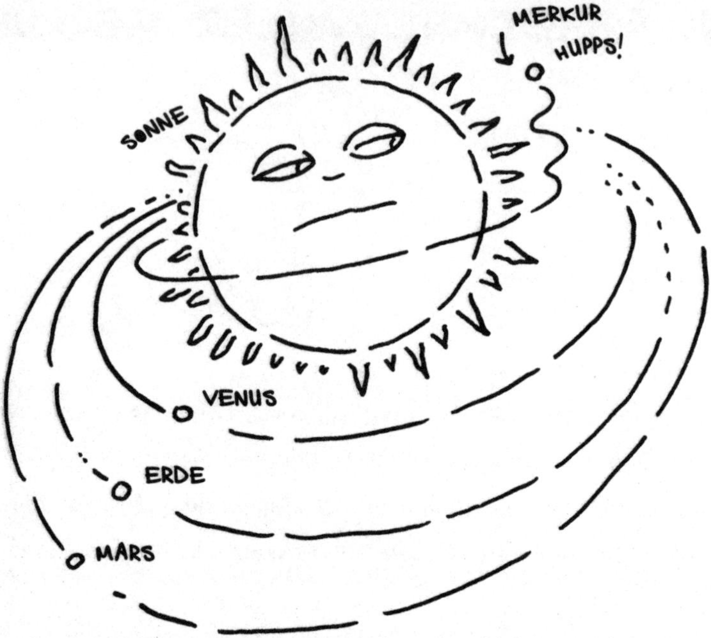

Merkur ist der Planet, der unserer Sonne am nächsten ist. Er hat schon etlichen Generationen von Astronomen Kopfzerbrechen bereitet. Seine Umlaufbahn scheint nicht immer im Einklang mit den bisherigen physikalischen Gesetzen zu sein.

Man überlegte sogar, ob es einen weiteren, unsichtbaren Planeten geben könnte: Vulkan (die Heimat von Mr Spock aus »Raumschiff Enterprise«). Ist am Ende dieser Sciencefiction-Planet an der merkwürdigen Umlaufbahn des Merkur schuld?

Ich untersuche das Verhalten des Merkur mit meiner allgemeinen Relativitätstheorie. Meine Gleichungen (die ich euch erspare) erklären seine Unregelmäßigkeiten und machen sie vorhersagbar.

Kurz erklärt: An gewissen Punkten seiner Umlaufbahn kommt der Merkur der Sonne mit ihrer riesigen Masse sehr nahe, was zu den besagten Abweichungen führt. Wenn es dann auf dem Merkur eine Uhr gäbe, würde diese auf einmal langsamer gehen. Man würde auch beobachten können, dass sich Gegenstände auf der Oberfläche des Merkur zur Sonne hin krümmen.

IMAGINÄRER PLANET

MERKUR

Die Zeit wird langsamer oder schneller, der Raum krümmt sich und Sterne und ganze Galaxien rücken näher oder entfernen sich … solche Phänomene kommen an vielen Stellen des Universums vor.

Gemäß der allgemeinen Relativitätstheorie ist das Universum um sich selbst gekrümmt.

In diesem Fall könnten Teile davon, nämlich einer der Vergangenheit und einer der Zukunft, miteinander in Kontakt kommen und eine raumzeitliche Abkürzung (ein Wurmloch) bilden.

Das Raumschiff Enterprise aus Star Trek – das bislang noch ins Reich der Fantasie gehört – reist manchmal durch solche Wurmlöcher.

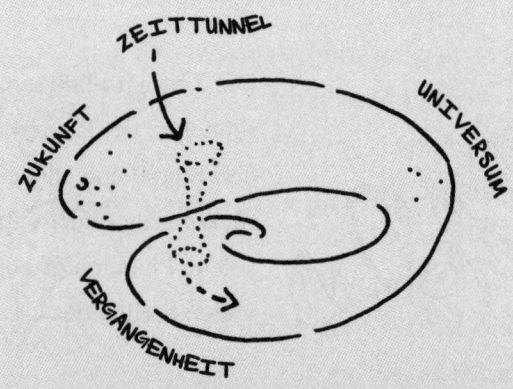

15. DER NOBELPREIS

Der große Krieg ist zu Ende und endlich sind die Kanonen verstummt. Aufbruchsstimmung liegt in der Luft. Meine Relativitätstheorie findet großen Anklang. Sie wird in der »New York Times« und in allen großen europäischen Zeitungen besprochen. Die Relativität ist plötzlich ebenso berühmt wie der Charleston, der neue Modetanz.

Mit meiner Ehe sieht es allerdings gar nicht gut aus. Der Kinder wegen tut es mir sehr Leid, doch ich lasse mich von Mileva scheiden. Mit meiner zweiten Frau Elsa Löwenthal, die zwei Töchter mit in die Ehe bringt, ziehe ich nach Berlin.

Da ich unheimlich gern esse, bin ich nicht mehr so dünn wie früher. Ich bin eine wichtige Person des öffentlichen Lebens geworden, komme mit bedeutenden Persönlichkeiten zusammen und kann mich deshalb nicht mehr so salopp kleiden. Ich freunde mich mit Charlie Chaplin an.

Im Jahre 1921 erhalte ich den Nobelpreis, merkwürdigerweise nicht für meine Relativitätstheorie, sondern für die Entdeckung des photoelektrischen Effekts. Es ist fast eine Art Trostpreis, doch immerhin bedeutet es einen Scheck über 22.000 Dollar. Diesen gebe ich an Mileva und meine Söhne weiter. Ich bin der Meinung, das steht ihnen zu.

Mein Leben könnte heiter und angenehm sein: Meine Arbeit macht mir Spaß und mit meiner Karriere geht es weiter bergauf. Ich kann mir sogar ein Häuschen an einem See in der Nähe von Berlin kaufen.

Doch dann geschehen in Deutschland schreckliche Dinge: Die Juden werden beschuldigt das deutsche Volk vernichten zu wollen. Adolf Hitler ist an die Macht gekommen. Seine Anhänger, die Nazis, verbrennen alle Bücher, deren Inhalt ihnen missfällt. Dazu gehört auch meine Relativitätstheorie.

An der Universität wird die »jüdische Physik« angegriffen (sprich: meine Theorie) und die Nazis durchsuchen und verwüsten mein Haus am See.

Zum Glück bin ich zu diesem Zeitpunkt mit meiner Frau und ihren Töchtern im Ausland auf Vortragsreise. Und nach diesem Vorfall beschließe ich lieber in Belgien zu bleiben.
Dort entscheide ich mich dafür, einen Ruf ans *Institute of Advanced Studies* in Princeton anzunehmen, und fahre in die Vereinigten Staaten von Amerika. Nach Deutschland zieht mich nichts mehr zurück.

Albert Einstein hat den Begriff »Lichtquanten« (kleinste Energieteilchen mit den Eigenschaften elektromagnetischer Wellen) in die Physik eingeführt und so die Grundlagen für die Quantenphysik und Quantenmechanik gelegt.

Die Quantenmechanik hat viel mit der Wahrscheinlichkeitsrechnung zu tun. Materie soll aus Teilchen bestehen, die eigentlich zwar da sind, aber nicht unbedingt auch da sein müssen. Ein Ereignis kann zwar aller Wahrscheinlichkeit nach eintreten, muss aber nicht. Der Physiker Erwin Schrödinger hat diesen Gedanken salopp so formuliert: Im selben Universum gibt es zur selben Zeit eine Wahrscheinlichkeit dafür, dass eine bestimme Katze lebendig ist, wie es auch eine gewisse Wahrscheinlichkeit gibt, dass dieselbe Katze tot ist.

16. ALS ASYLANT IN AMERIKA

Ich bin nicht der Einzige, der in den USA Asyl sucht. Adolf Hitler hat Gesetze gegen die Juden und andere Menschen, die nicht der deutschen Rasse angehören, erlassen. Deshalb sind um 1940 tausende von europäischen Wissenschaftlern gezwungen ihre Heimat zu verlassen.

Unter ihnen sind auch zwei Physiker-Kollegen von mir: der Italiener Enrico Fermi und der Ungar Leo Szilard. Nicht im Traum hätten sie jemals daran gedacht, dass ihre Forschungen in den USA die Geschichte unseres Planeten radikal beeinflussen würden.

In Amerika fühle ich mich sehr wohl. Stellt euch vor: Bei einer meiner ersten Reisen in diesem großen Land werde ich von einem Hopi-Indianerstamm zum Ehrenhäuptling ernannt und erhalte den Titel »Großer Verwandter« (Great Relative).

Wir beziehen ein großes Holzhaus in Princeton in der Nähe der Universität. Darin wohne ich mit meiner Frau Elsa, ihrer Tochter Margot, meiner Schwester Maja sowie Helen Dukas, meiner Sekretärin und Vertrauten, die endlich etwas Ordnung in mein Leben bringt.

Ich habe auch einen Hund und eine Katze.

Aus Europa kommen immer bestürzendere Nachrichten: Millionen von Menschen werden verfolgt, verschleppt und umgebracht – wegen ihrer Religion, ihrer Rasse oder ihren Ansichten.

Im September 1939 überfällt Hitlers Deutsches Reich Polen, und das ist der Beginn des Zweiten Weltkriegs. Innerhalb der nächsten Monate breitet sich der Krieg auf Holland, Belgien, Frankreich, den Balkan, Russland und schließlich auf die ganze Welt aus.

Gemäß der Quantenphysik besteht die Materie aus winzig kleinen Elementarteilchen mit den Eigenschaften von elektromagnetischen Wellen.

Zwischen fünfzig und zweihundert Arten davon wurden bis heute bereits identifiziert, vom Elektron bis zum Proton, vom Graviton bis zum Photon. Manche dieser Teilchen verhalten sich wirklich sehr merkwürdig. Einige von ihnen können sogar in der Zeit rückwärts gehen ...

17. DIE ATOMBOMBE

Ich hätte nicht im Traum daran gedacht, dass meine Relativitätstheorie irgendwann für militärische Zwecke genutzt werden könnte. Erst als ich 1939 ein Manuskript von Enrico Fermi und Leo Szilard lese, schwant mir, welche Gefahr droht.

Mir dämmert, dass Uran-Atome in eine wichtige Energieform verwandelt werden können, folglich auch in eine mächtige und schreckliche Waffe in den Händen der Nazis.

Obwohl ich den Krieg nach wie vor verabscheue, schreibe ich deshalb einen Brief an den amerikanischen Präsidenten Franklin D. Roosevelt. Ich bitte ihn auf der Hut zu sein und Geld und Forschungen in die Atombombe zu investieren, bevor die Nazis ihm zuvorkommen.

1940 leiste ich in Trenton in New Jersey den Treueeid auf die amerikanische Verfassung und werde amerikanischer Staatsbürger. Die Schweizer Staatsbürgerschaft kann ich beibehalten, was mir ganz recht ist.

Leider hat sich die Weltlage noch mehr verschlechtert: Japan greift die Garnison der amerikanischen Streitkräfte im Pazifik an, indem es den Militärstützpunkt Pearl Harbor auf Hawaii bombardiert. Deshalb treten 1941 auch die USA in den Krieg ein.

Enrico Fermi, Leo Szilard und andere Forscher bauen in Chicago den ersten Atomreaktor. Aus ihrer Gruppe stammt auch der Entwurf zum Bau der ersten Atombombe.

Ich schreibe den Originalartikel von 1905 über die spezielle Relativitätstheorie noch einmal von Hand ab. Das Manuskript wird versteigert und für sechs Millionen Dollar verkauft. Den Erlös spende ich als Beitrag zur Kriegsforschung in den USA. Ich arbeite aber nie aktiv an der Atombombe mit.

Ich hatte sogar geglaubt, dass es nie gelingen würde, eine Bombe zu bauen, die so klein ist, dass sie von einem Flugzeug transportiert werden könnte. Doch am 6. August 1945 höre ich im Radio, dass die erste Atombombe über der japanischen Stadt Hiroshima abgeworfen wurde.

Nehmen wir mal an, es wäre möglich, in der Zeit rück-
wärts zu reisen. Da käme man vermutlich sofort auf die
Idee, in der Vergangenheit die großen Irrtümer der
Geschichte zu korrigieren und zum Beispiel die großen
Kriege zu verhindern. Somit wären auch all die damals
geschehenen Gräueltaten getilgt.

Doch wenn man die Abfolge von Ereignissen löscht, gäbe
es in der späteren Zukunft gar keinen Grund für diese
Zeitreise und vielleicht nicht einmal den Reisenden
selbst.

Denkt darüber nach, ihr Zeitreisenden, denkt gut nach …

18. ENDLICH FRIEDEN

Der Krieg ist zu Ende, doch der Frieden hat ein anderes Gesicht als früher: Fast überall auf der Welt werden jetzt Atombomben gebaut.

Ich arbeite noch immer an meiner Relativitätstheorie. Ich spüre, dass noch etwas fehlt. Doch ich weiß nicht, ob es mir noch gelingen wird, sie zu vervollständigen …

Nebenher versuche ich meine Angelegenheiten in Ordnung zu bringen, fast wie vor einer langen Reise. Ich mache auch mein Testament und verfüge, dass die Hebräische Hochschule von Jerusalem all meine Briefe und Manuskripte erhalten soll.

1952 bietet man mir an Präsident des noch jungen Staates Israel zu werden. Das ehrt mich zwar, doch ich lehne ab.

Im Laufe des letzten halben Jahrhunderts bin ich der berühmteste Wissenschaftler der Welt geworden. Ich bin alt und müde, aber ich trete noch immer gern auf, um meine Theorien zu verbreiten und auch meine Meinungen kundzutun, besonders in Bezug auf Atombomben.

Wir haben die Kräfte des Atoms entfesselt und damit vieles verändert. Doch wenn wir es nicht schaffen, unser Denken zu verändern, werden wir Katastrophen von unvorstellbarem Ausmaß entgegengehen!

Ich weiß nicht, welche Waffen im Dritten Weltkrieg eingesetzt werden, doch ich weiß, womit man im Vierten Weltkrieg kämpfen wird: mit Äxten und Stöcken.

Deshalb schreibe ich am 11. April 1955 an meinen Freund Bertrand Russell und unterzeichne ein Manifest, das alle Nationen zum Verzicht auf Atomwaffen aufruft.

Es ist mein letzter Brief.
Meine letzte wichtige
Handlung.

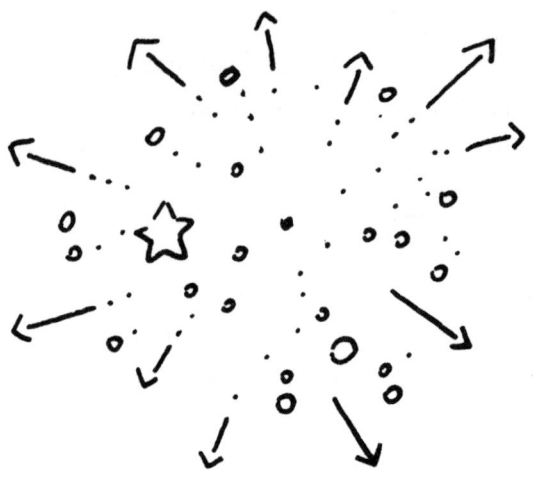

Am 18. April 1955 stirbt Albert Einstein.

Während seiner Lebenszeit hat sich das Universum noch weiter ausgedehnt, Milliarden von Sternen wurden geboren, andere sind gestorben. Auf unserem kleinen Planeten gab es seither viele neue Erkenntnisse über Materie und Energie, doch Albert Einsteins Theorien haben nach wie vor Gültigkeit. Mit ihrer Hilfe kann man auch weiterhin die geheimnisvolle Natur des Universums erforschen.

Albert Einsteins Asche wurde an einem unbekannten Ort verstreut. Seine Atome sind zur Erde und zum Kosmos zurückgekehrt. Doch zuvor wurden sein Gehirn und seine Augen entfernt, die noch heute in amerikanischen Forschungsinstituten aufbewahrt werden.

Bis zuletzt hat Albert Einstein versucht seine Theorie zu vervollständigen.

Sehr viele andere kluge Köpfe haben das auch versucht und sind zum Teil noch immer damit beschäftigt.

Albert Einstein hat eine Tür zum Weltraum und zum Wesen der Zeit aufgestoßen. Dank ihm wird uns die Zukunft noch so manche Überraschung bringen.

KLEINES WÖRTERBUCH

VON A WIE ATOM

... BIS Z WIE ZEITMASCHINE

ATOM

Atome wurden lange Zeit für die kleinsten, nicht mehr teilbaren Teilchen der Materie gehalten. Heute wissen wir, dass auch diese noch in weitere Elementarteilchen teilbar sind. Einige von ihnen sind so klein und beweglich, dass man sie nicht mehr als »Teilchen« sondern als »Energiequanten« bezeichnet.

ATOMWAFFEN

Auch Kernwaffen genannt. Es sind Sprengkörper mit ungeheurer Zerstörungskraft. Sie funktionieren durch Nuklearkräfte und können kleine Mengen Materie in enorme Mengen an Energie verwandeln. Als »Atomwaffen« werden sowohl Uran- als auch Plutoniumbomben sowie Wasserstoffbomben bezeichnet. Erstere beruhen auf Kernspaltung, Wasserstoffbomben funktionieren durch Kernverschmelzung.

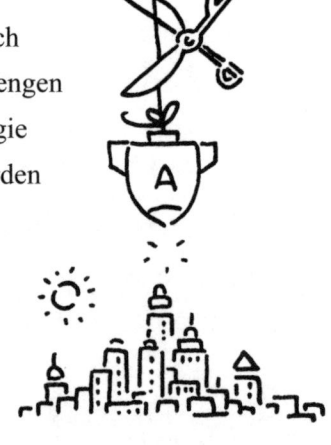

BOHR, NIELS (1885-1962)

Dänischer Physiker, einer der Väter der Quantenmechanik, der 1922 den Nobelpreis für Physik erhielt. Von 1943 bis 1945 arbeitete er in den USA an der Entwicklung der Atombombe mit, versuchte später aber seine Quantentheorien zum Wohl der Lebewesen einzusetzen.

QUANTEN-KATZE

BROWNSCHE MOLEKULARBEWEGUNG

Der schottische Naturforscher Robert Brown entdeckte 1827 das ständige Zittern kleiner, in einer Flüssigkeit aufgelöster Teilchen. Albert Einstein fand heraus, dass sie durch die Wärmebewegung der Flüssigkeitsmoleküle hervorgerufen werden, durch welche die Teilchen fortwährend unregelmäßige Stöße erhalten.

CURIE, MARIE (1867-1934)

Französische Physikerin und Chemikerin polnischer Abstammung, meist »Madame Curie« genannt. In Paris heiratete sie Pierre Curie, mit dem sie die Radioaktivität erforschte. Albert Einstein schätzte sie als Freundin und Kollegin.

Das unten abgebildete Foto, 1911 anlässlich der Tagung Solvay in Brüssel aufgenommen, zeigt Madame Curie als einzige weibliche Teilnehmerin. Rechts im Bild der junge Einstein.

EHRENHÄUPTLING

Ein Stamm der Hopi-Indianer verlieh Albert Einstein den Ehrentitel »Großer Verwandter« (Great Relative). Rechts von ihm seine zweite Frau Elsa.

EINSTEIN, ALBERT (1879–1955)

Das Genie war ein Kind wie viele andere, eher mittelmäßig in der Schule, bis er seine Liebe zu Mathematik und Physik entdeckte. Bis 1894 besuchte er das Luitpold-Gymnasium in München. Auf diesem Klassenbild ist er unten rechts zu sehen.

ENERGIE

Gibt es in vielen ver-
schiedenen Formen
(thermisch, nuklear,
mechanisch, elektrisch …).
Energie bedeutet gespei-
cherte Arbeit, die man
später wieder aus der

Energie gewinnen kann. Die ursprüngliche Quelle von Energie
im Universum ist die Materie, die sich in Energie verwandelt,
wenn sie ihre Masse verliert, wie Albert Einsteins berühmte
Formel besagt. Alle weiteren Energiequellen sind auf diese
primäre Energie zurückzuführen, auch die »nutzbaren« Energien
wie z. B. Sonnenenergie und fossile Energie.

ERFOLG

Auf Erfolg an sich hatte es Albert Einstein nie abgesehen. Im
Gegenteil, er wunderte sich immer wieder darüber, dass er ein
so berühmter Mann war.

MAN SOLLTE NICHT VERSUCHEN EIN MANN DES ERFOLGS ZU WERDEN … … SONDERN EIN MANN MIT WERTMASSSTÄBEN

FERMI, ENRICO (1901–1954)

Italienischer Physiker, der 1938 den Nobelpreis erhielt. Er baute in Chicago den ersten Atom-

reaktor und bewies, dass Atome spaltbar sind. Er gehörte zu den Mitarbeitern des Projekts Manhattan und war maßgeblich an der Entwicklung der ersten Atombomben beteiligt. Eine Gruppe Elementarteilchen, die Fermionen, wurde nach ihm benannt.

FREUD, SIGMUND (1856–1939)

Österreichischer Psychiater und Philosoph. Seine Bücher wurden von den Nationalsozialisten Hitlers auf dem Scheiterhaufen verbrannt. 1933 schrieb er mit Albert Einstein zusammen das Buch *Warum Krieg?*.

GEIGE

Schon als Kind lernte Albert Einstein Klavier und Geige zu spielen. Er war sehr musikalisch. Seine Geige nannte er liebevoll »Lina«. Er hat sie seinem Neffen Bernhard vererbt.

Zeichnung von Franco Bruna

GRAVITATION

Jeder Körper, der sich in der Nähe eines Planeten oder Sterns befindet, unterliegt der Gravitation oder Schwerkraft. Gravitation bezeichnet die Eigenschaft von Massen, sich gegenseitig anzuziehen.

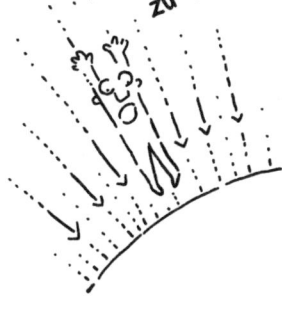

KARIKATUREN

Uns sind tausende von Zeichnungen und Karikaturen von Albert Einstein erhalten, einige ganz hübsch, andere sehr verzerrt. Auf dieser Karikatur, die 1931 auf einem Journalistenball in Wien verteilt wurde, sehen wir Einstein zusammen mit Sigmund Freud und Eugen Steinach, einem damals sehr berühmten Arzt.

EINSTEIN FREUD STEINACH Nº6

KERNREAKTOR

Eine Anlage zur Erzeugung von Energie, in der eine
Kettenreaktion von Kernspaltungen geregelt abläuft. Schon
kleinste Mengen Materie setzen unter diesen kontrollierten
Umständen enorme Energiemengen frei. Der erste Kern-
reaktor bestand aus Grafit- und Uranblöcken und wurde 1942
von Enrico Fermi in einem Bunker unter dem Stadion der
Universität von Chicago gebaut. Kernreaktoren bilden
den Hauptbestandteil von Atomkraftwerken.

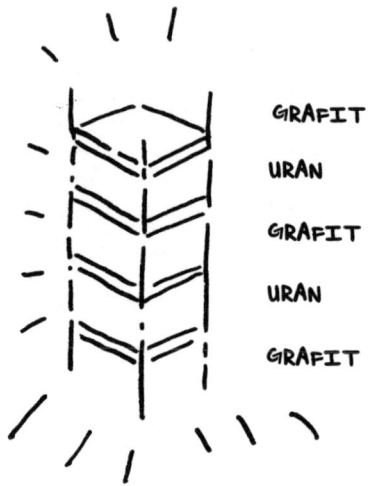

GRAFIT
URAN
GRAFIT
URAN
GRAFIT

KOSMOS

Anderes Wort für das Weltall,
das alle Galaxien, Sterne und
Planeten umfasst. Eine weitere Bezeichnung ist
»Universum«.

MEINE LIEBE IST SO GROSS WIE DER KOSMOS!

LICHTGESCHWINDIGKEIT

Naturkonstante des Universums. Entspricht im Vakuum der beträchtlichen Geschwindigkeit von 300.000 Kilometern pro Sekunde.

MAILAND

Die Familie Einstein lebte mehrere Jahre in Mailand in der Via Bigli, in einem Haus der Gräfin Clara Maffei.

MASSE

Eine der Grundeigenschaften der Materie. Jeder Körper setzt einer Änderung seiner Geschwindigkeit Widerstand (Trägheit genannt) entgegen. Dieser

ist unabhängig davon, woraus der jeweilige Körper besteht. Masse ändert sich nicht. Ein Astronaut hat im Weltraum, wo sein Gewicht wegen der fehlenden Schwerkraft bei null ist, dieselbe Masse wie auf der Erde. Sie beträgt überall z. B. 100 kg.

MATERIE

Allgemeine Bezeichnung für alles Stoffliche, das uns umgibt und aus dem wir auch selbst bestehen.

MAXWELL, JAMES CLERK (1831-1879)

Schottischer Physiker, der die Theorie der elektromagnetischen Erscheinungen entwickelte, zu denen auch das Licht gehört. Er sprach als Erster vom elektromagnetischen Feld. Zudem vermutete er auch, dass die Zeit nicht überall gleich schnell vergeht. Auf der Grundlage von Maxwells Arbeiten und Gleichungen arbeitete Albert Einstein seine Relativitätstheorie aus.

NOBELPREIS

Angesehener Preis, der auf den schwedischen Industriellen Alfred Bernhard Nobel zurückgeht. Für die Entdeckung des photoelektrischen Effekts erhielt Albert Einstein 1921 den Nobelpreis für Physik.

PHOTOELEKTRISCHER EFFEKT

Wurde von Albert Einstein entdeckt und beruht darauf, dass sich aus einem Metall Elektronen ablösen, wenn Lichtstrahlen darauf fallen. Das bestätigte Einsteins Vermutung, dass das Licht trotz seiner Wellennatur aus Energieteilchen besteht (Photonen). Auf diesem Effekt basiert auch die Möglichkeit, Sonnenlicht in elektrische Energie umzuwandeln.

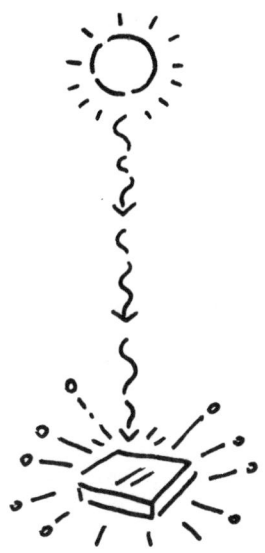

PHOTON

Kleinstes Energieteilchen einer elektromagnetischen Strahlung, aus der das Licht besteht, wie Albert Einstein schon 1905 vermutet hat.

PHYSIK

Für die alten Griechen war Physik die Wissenschaft, welche die wahre Natur der Dinge zu ergründen suchte. Heute versucht die Physik die Gesetze zu

entdecken, die sowohl den Makrokosmos (das Universum) als auch den Mikrokosmos (im Inneren von Atomen) betreffen.

PLANCK, MAX (1858–1947)

Deutscher Physiker und Begründer der Quantentheorie, welche
die Physik grundlegend neu gestaltet hat. Der um zwanzig
Jahre jüngere Albert Einstein konnte viele seiner Ansätze auf-
greifen.

PROJEKT MANHATTAN

Ziel dieses Projekts war der Bau der ersten Atombombe, die
versuchsweise am 16. Juli 1945 auf dem Luftstützpunkt
Alamogordo in New Mexico gezündet wurde. Am 6. August
desselben Jahres wurden die japanischen Städte Hiroshima und
Nagasaki das Ziel dieser neuen Waffe.

QUANTEN

Allerkleinste, unteilbare Einheiten einer bestimmten
physikalischen Größe (Energie).

EIN TEILCHEN SEIN
ODER NICHT SEIN,
DAS IST DIE FRAGE!

QUANTENMECHANIK

Teilgebiet der Physik, welches
das Verhalten der Materie
(Atome und Elementarteilchen)
untersucht und zu erklären versucht. Hierfür greift sie auf die
Wahrscheinlichkeitsrechnung
zurück. Dieses Vorgehen fand
nicht immer Albert Einsteins
Zustimmung.

GOTT WÜRFELT NICHT!

WER WEISS... VIELLEICHT IST ALLES RELATIV.

QUANTENTHEORIE

Theorie der modernen Physik, die das
physikalische Verhalten von Atomen,
Molekülen, Elektronen und Elementarteilchen auf mathematische Weise zu
ergründen sucht. Während seiner
ganzen zweiten Lebenshälfte versuchte
Albert Einstein, die Verknüpfungspunkte zwischen seiner eige-
nen Theorie und dieser neuen Auffassung der Physik zu finden.
Jede neue Entdeckung in Sachen Quanten stellt einen weiteren
Schritt auf dem Weg zu einer vereinheitlichten Theorie dar, die
Albert Einstein bezüglich der vier Naturkräfte entworfen hat:
der Gravitationskraft, der elektromagnetischen Kraft, der starken
Kernbindungskraft und der schwachen Kernbindungskraft.

RAUMZEIT

Wir bewegen uns in einem dreidimensionalen Raum. Er hat
Höhe, Breite und Tiefe. Hinzu kommt die eindimensionale
Zeit, die nur die Richtung vorwärts und rückwärts hat. Die
Nachricht vom Vergehen der Zeit kann das Licht übertragen,
indem es durch den Raum reist. Daher sind Zeit und Raum
miteinander verknüpft.

RELATIVITÄTSTHEORIE

Ursprünglich wollte Albert Einstein seiner Theorie einen
weniger faszinierenden Namen geben: Theorie der Invarianz.
Doch Max Planck bestand auf dem Namen Relativitätstheorie.
Das Relativitätsprinzip lautet, dass unter denselben
Bedingungen überall dieselben Naturgesetze gelten.

RIEMANN, BERNHARD (1826-1866)

Deutscher Mathematiker. Seine Arbeiten über die Grundlagen
der Geometrie waren sehr bedeutsam für Albert Einsteins

Relativitätstheorie. Riemanns geometrische Sätze umfassen Teile der nicht-euklidschen Geometrie, wie Ebenen und Linien, die sich krümmen, Winkel mit mehreren Dimensionen und Parallelen, die sich im Unendlichen treffen.

RUSSELL, BERTRAND (1872–1970)

Englischer Philosoph und Mathematiker. Er kämpfte sein Leben lang gegen jede Form von Absolutismus und später auch gegen die Atomwaffen. An ihn war Albert Einsteins letzter Brief gerichtet.

STOP BOMBS!

SCHWARZES LOCH

Möglicher Endzustand eines Sterns, der explodiert und in sich selbst zusammengefallen ist. Trotz des bei der Explosion weggeschleuderten Materials besitzt das schwarze Loch noch eine enorme Masse, hat aber eine sehr geringe Ausdehnung. Seine Gravitationskraft ist so hoch, dass es alles anzieht und nicht einmal Licht wieder entweichen kann. Deshalb kann man es nie direkt sehen. Auf seiner Oberfläche steht die Zeit still.

HILFE!

SPÄTENTWICKLER

»Ein normaler Erwachsener denkt nicht über die Probleme von Raum und Zeit nach, weil dies Fragen sind, die er sich schon als Kind gestellt hat. Da ich bekanntlich ein Spätentwickler war, begann ich mich erst als Erwachsener mit den Fragen von Raum und Zeit zu beschäftigen.«
Albert Einstein

STILFRAGEN

»Lässig« – so definierte Albert Einstein seinen Haarschnitt. Er hasste es, Socken zu tragen, und lief am liebsten in Sandalen herum. Doch wenn unbedingt nötig, zog er auch mal seinen Smoking an, der ihm gut stand, wie auf dem Foto, wo er mit Charlie Chaplin ein Theater verlässt.

SZILARD, LEO (1898-1964)

Ungarischer Atomphysiker, nahm in den USA am Projekt Manhattan teil und erlebte die erste Atombombenexplosion mit. Allerdings sprach er sich stets entschieden dagegen aus, Atomwaffen für militärische Zwecke einzusetzen.

UNIVERSUM

Heute geht man allgemein davon aus, dass das Universum mit dem Urknall entstanden ist. Allerdings sehen und kennen wir nur einen sehr kleinen Teil des Universums.

URAN

Dieses chemische Element ist sehr instabil und zu einer nuklearen Reaktion fähig, bei der sich ein Teil der Materie in Energie umwandelt. Das Isotop 235 des Urans, zusammen mit Plutonium 239, ist Hauptbestandteil von Atombomben.

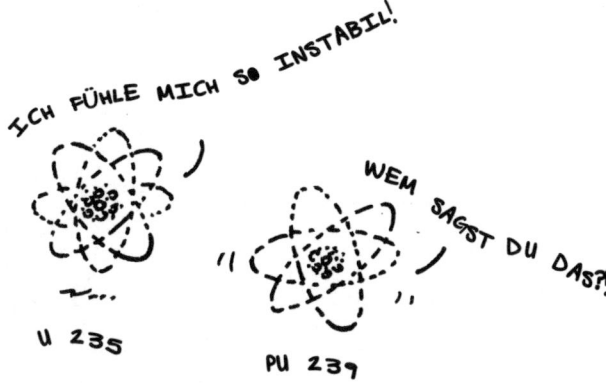

URKNALL

Eine unvorstellbar gewaltige Explosion, bei der nach dem heutigen Wissensstand das Universum entstanden ist. Bis Albert Einstein seine Theorie aufstellte, galt das Weltall als statisch und unendlich.

Mit dem Urknall entstanden erst Raum und Zeit. Deshalb kann die Frage, was vor dem Urknall war, in der Physik nicht gestellt werden.

WURMLÖCHER

Wegen der Krümmung des Raums müsste es theoretisch Verbindungen zwischen dem Universum der Vergangenheit und dem der Zukunft und umgekehrt geben, so genannte Wurmlöcher. Sie wurden 1935 von Albert Einstein und Nathan Rosen beschrieben, weshalb man sie anfangs als »Einstein-Rosen-Brücken« bezeichnete.

ZEITMASCHINE, DIE

Titel eines Zukunftsromans von Herbert George Wells, 1895 erschienen. Darin wird unser Jahrhundert recht negativ geschildert. Die Bevölkerung – so schrieb Wells – wird auf zwei verschiedenen Ebenen leben und in zwei Klassen gespalten sein. Unter der Erde leben abgestumpfte Arbeiter im Elend, während auf der Erdoberfläche eine Klasse dummer, manipulierbarer Marionetten lebt.

ZEITREISEN

Bewegungen in der Zeit, die vom normalen Zeitablauf abweichen. Es ist theoretisch nicht unmöglich, in die Zukunft zu reisen. Man müsste allerdings sehr schnell reisen, womöglich an Bord eines Raumschiffs, das mit annähernder Lichtgeschwindigkeit fliegt.

In die Vergangenheit zurückzukehren ist hingegen sehr viel unwahrscheinlicher. Die einzige theoretisch vorstellbare Möglichkeit liefert uns die Quantenmechanik. Zeitmaschinen, wie sie die Personen in Crichtons Roman *Timeline – Eine Reise in die Mitte der Zeit* benutzen, kehren in die Vergangenheit zurück, indem sie auf Wellen aus »Quantenschaum« reiten. Doch der Roman lässt auch einige Zweifel offen: Kehrt man wirklich in die Vergangenheit zurück oder wird man nicht vielmehr in ein unserer Vergangenheit ähnliches Universum transportiert, eines von unendlich vielen möglichen Universen?

BIN ICH IM ALTEN GRIECHENLAND?

JA, ABER IN UNSEREM.

DAS UNIVERSUM ENTHÄLT DEFINITIONSGEMÄSS ALLES, WAS EXISTIERT.

HM, LEICHT ÜBERTRIEBEN, ODER?

INHALTSANGABE

LUCA NOVELLI,

Autor und Illustrator, ist der Verfasser zahlreicher Bücher über Naturwissenschaften und Natur, die in viele Sprachen übersetzt wurden. Er arbeitet als wissenschaftlicher Berater für die RAI, das staatliche italienische Fernsehen, und leitete zehn Jahre lang eine Zeitschrift für Grafik und Design. Für die Reihe „Lebendige Biographien" erhielt er 2004 den italienischen Andersen-Preis als bester populärwissenschaftlicher Autor.

UNSERE KLASSENKAMERADEN?

ARENA BIBLIOTHEK DES WISSENS
Lebendige Biographien

978-3-401-60118-2

978-3-401-06664-6

978-3-401-06041-5

978-3-401-05940-2

978-3-401-06218-1

978-3-401-06646-2

Arena

Jeder Band:
Klappenbroschur
www.arena-verlag.de

ARENA BIBLIOTHEK DES WISSENS
Lebendige Geschichte

978-3-401-06662-2

978-3-401-06663-9

978-3-401-06831-2

978-3-401-06065-1

978-3-401-06823-7

978-3-401-06276-1

Arena

Jeder Band:
Klappenbroschur
www.arena-verlag.de